RAMELET
DI SANT-GENAIRE

NOUVEAU RECUEIL DE CANTIQUES ET PRIÈRES

EN L'HONNEUR DE

SAINT-GENS

PAR M. L'ABBÉ BRESSON.

QUATRIÈME ÉDITION

AVIGNON
AUBANEL FRÈRES, IMPRIMEURS,
DE N. S. P. LE PAPE ET DE MGR L'ARCHEVÊQUE
Place Saint Pierre, 9.

AVANT-PROPOS.

Le pèlerinage au tombeau de St Gens devient de jour en jour plus important. Est-ce la curiosité, l'agrément ou le pittoresque du site qui y attirent tant de pèlerins ? Assurément non.

D'abord un bloc de rocher renversé dans un ravin et présentant un creux de forme humaine, que l'on dit être le lit de St Gens ; plus loin au fond d'un vallon une église sans architecture dont le toit abaissé ferait croire de loin à une bergerie ; à côté, une humble chapelle de quelques mètres carrés, abritant le lieu où fut enseveli le saint solitaire. Çà et là, des hôtelleries capricieusement placées ; cinq ou six noyers séculaires ; au milieu d'une place qui ne connaît pas encore le niveau, une fontaine avare ; tout autour, pour encadrement, des montagnes rocailleuses aux pentes raides, sèches et dénudées ; enfin, au pied du contre fort le plus élevé qui soutient un sommet, un suintement d'eau tombant goutte à goutte et désigné sous le nom de *fontaine du miracle*, voilà tout ce que présente aux yeux le pèlerinage de St Gens. Aujourd'hui, comme autrefois, c'est toujours un désert.

Et pourtant ce désert, deux fois par an, voit des flots et des flots de peuples monter vers sa solitude et l'inonder.

Quelle est donc la force qui, de ce point caché dans un pli de montagnes, exerce une attraction si puissante sur toute la Provence et jusqu'aux extrêmes limites du Languedoc et du Dauphiné ? Cette force, c'est la force de la sainteté. Un saint a vécu là ; il y a prié, il s'y est mortifié, il y est mort, il y a été enseveli, et son tombeau est devenu comme un aimant irrésistible. Les multitudes y accourent. Elles viennent s'y enivrer des parfums divins qu'il exhale, s'y enrichir des grâces qu'il épanche abondantes et souvent sous forme de miracles éclatants.

Le souvenir ou l'attente de ces grâces anime leur dévotion.

A cette dévotion quelque peu frappée du soleil du Midi, il faut du mouvement, des éclats, des élans enthousiastes, il lui faut des chants surtout.

Jusqu'à ce jour le répertoire des cantiques que les échos de St Gens ont redits a été d'une pauvreté exceptionnelle, pauvreté de fond, pauvreté de forme. Des emprunts fréquents sont faits au *Luth de Marie* et même à l'*Ame dévote*. C'est ce qui a déterminé la publication du *Ramelet di Sant-Genaire*. Cet opuscule contenant 18 *Cantiques*, la *Vie*, la *Neuvaine* et les *Litanies* de St Gens ne se vend que 25 centimes. Les pèlerins lui feront bon accueil et n'hésiteront pas à se le procurer. Ils aimeront à faire retentir de ces nouveaux chants l'église et la vallée de St Gens. A leur retour, ils les rediront encore dans leurs foyers domestiques et au milieu de leurs campagnes. Ils s'attireront par là, de plus en plus, la protection du Saint qui les écoute toujours.

VIE DE SAINT GENS.

Saint Gens naquit en 1104, à Monteux, charmante petite ville du Comtat-Venaissin. Son père appelé Bournareau et sa mère Im-Berte ou Berte étaient d'humbles cultivateurs, pauvres des biens de la fortune mais riches des dons de la grâce. Gens était d'un extérieur agréable, d'un caractère doux et d'une candeur angélique.

Il se retira encore jeune dans une solitude près du village du Bausset. Il y parvint à une grande sainteté. La prière, le travail des mains et les œuvres de pénitence remplissaient ses journées. Son lit, qu'on voit encore aujourd'hui et qui est vénéré des fidèles, n'était autre que la surface nue d'un rocher.

Le Seigneur favorisa St Gens du don des miracles. Un jour qu'il labourait la terre, un loup se jette sur une de ses vaches et l'égorge. Aussitôt il saisit et attache à sa charrue l'animal cruel, qui perdant sa férocité devient pour lui un compagnon fidèle. C'est en mémoire de ce prodige que le Saint est représenté labourant la terre avec une vache et un loup attelés ensemble.

En se retirant dans le désert, Saint Gens avait prédit des malheurs à sa patrie à cause des divertissements criminels de la jeunesse. En effet les champs furent frappés d'une grande sécheresse qui fut suivie de la famine. Berte, accompagnée des principaux de la ville, se rendit auprès de son fils pour le supplier de retourner à Monteux. C'est dans cette rencontre que le saint solitaire fit sortir d'un rocher, en y enfonçant ses doigts, du vin et de l'eau pour désaltérer sa mère. La source d'eau existe seule encore. La vertu qu'on lui attribue de guérir les fièvres attire toujours autour d'elle un grand nombre de malades.

Saint Gens retourna à Monteux : ses bonnes prières firent cesser les calamités, et depuis lors il fut regardé comme un puissant intercesseur auprès de Dieu pour obtenir la pluie ou le beau temps, selon le besoin des récoltes.

Les louanges dont il fut comblé par ses compatriotes le déterminèrent à s'enfuir de nouveau dans le désert. C'est en mémoire de cette fuite et pour l'honorer, que les habitants de Monteux, chaque année le 16 du mois de mai, jour de sa mort et de sa fête, font porter sa statue à son tombeau, en s'y rendant à pas de course.

Une autre légende rapporte qu'au moment de la mort du Saint, le loup qui l'avait suivi à Monteux, et qui y était resté, se mit à parcourir les rues de cette ville en faisant entendre des hurlement lamentables. Il retourna au désert en toute hâte et vint se coucher, en versant des larmes, sur le tombeau de son maître dont il ne voulut plus s'éloigner.

De nombreux prodiges s'opérèrent sur le tombeau de St Gens. On y bâtit une chapelle et on s'y rendit en pèlerinage.

En l'année 1652, les reliques de Saint Gens furent transférées dans l'église du Bausset, et placées près du maître-autel dans une châsse en bois de cyprès, et peu après dans leur châsse actuelle.

Une confrérie fut érigée canoniquement en l'honneur de Saint Gens; en 1671, le Pape Clément X l'enrichi de nombreuses indulgences.

Le 16 du mois de mai et le dimanche suivant, le lundi de Pâques et de la Pentecôte, et le premier dimanche de septembre surtout, sont des jours de concours de pèlerins à l'ermitage de Saint Gens. Dans les temps d'épidémie et de sécheresse, on s'y rend en procession. Le Seigneur se plaît à récompenser la foi et la dévotion des Provençaux envers le saint solitaire, et on entend raconter souvent des merveilles obtenues par son intercession.

RAMELET
DI' SANT-GENAIRE

CANTICO PROUVENÇAU A L'OUNOUR DE SANT GÈNT.

I. SANT GÈNT.

Sant Mountelen, ah! que sias bèu,
Gènt, voste noum treluse et briho.
Gènt es l'ounour, l'amour peréu
De la Prouvenço sa patrìo:
Prouvènço! n'as de bèu jouvènt,
Mai poudèn faire l'escoumesso
Que n'as plus ges comme Sant Gènt
Pèr la bèuta, pèr la sagesso.

Quau dou pecat vòu resta net,
Liuen di plesi fau que s'escounde:
Sant Gènt, encaro jouveinet,
Fugis li joio d'aquest mounde.
Au founs di bos passo sèt an
Soun angelico e santo vido,
Coume fasien lis ermitan
Dins li desert de Tebaïdo.

Touti lis an, de tout païs,
Li pelerin van rèndre oumage
Au grand Sant Gènt e soun d'avis
De visita soun ermitage.
An gau de vèire un terradou,
Ounte noste bèu Lavouraire
Encoulassavo lou gros loup
Emé la vaco à soun araire.

Pàuri febrous, pàuri malaut,
Vous qu'enduras tant de soufranço,
Sant Gènt garis touti li mau,
Ah! pregas-lou, me counfianço,

Bevès 'mé fe dou pichot rai
D'aquelo eigueto fresco et puro:
Pèr vous-autre agouto jamai
Sa mervihouso couladuro.

O grand Sant Gènt, divin patroun,
Charmant mirau de la jouvenço,
Jamais pourren redire proun
Vòsti benfa dins la Prouvenço;
Fasès-nous segui li clarour
De vòsti bello e sànti piado,
Pèr qu'emé vous fuguen un jour
Dins la patrìo benurado.

II. LA JOUVENÇO.

Canten aro la neissènço,
  La jouvenço
De noste patroun Sant Gènt
Que treluso bèu et blounde,
  Dins lou monde,
Desempièi l'an vounge-cènt.

Touti podon en jusqu'aro
  Veire encaro
Soun oustau dedins Mountèu,
Emai de sa parentèlo
  La jitello
Que rèsto di Bournarèu.

Sus la dicho di grand rèire,
  Que fau crèire,
Gènt semblavo un angeloun:
La charmanto bono gràci
  De sa fàci,
Ie fai metre aquéu bèu noum.

Es verai que sant Gènt èro
  Sus la terro
Fiéu d'un paure païsan:
Mai avié de la sagesso
  Li richesso,
Li merite d'un grand Sant.

Li dimenche e jour de fèsto,
    Sant Gènt resto
A prega davans l'autar;
I plesi, divertissènço,
    Jouïssènço,
Noun, jamai ie prendra part.

Gènt a pèr la Vierge-Maire
    Dou Sauvaire
Lou pu grand et tèndre amour:
Ie counsacro sa bello amo,
    Et tant l'amo
Que la prègo niuech-e-jour.

La jouinesso mau-menado,
    Irritado
Di leiçoun de noste Sant,
Un jour ie cerco grabuge,
    Lou fai fuge
E l'aquèire à travès champ.

Sant Gènt qu'amo l'innoucènci,
    Lou silènci,
Que cren tant d'èstre fautiéu,
S'enfugis dins la montagno,
    Sèns coumpagno,
A la gardi dou bon Diéu.

O jouinesso trop ardènto,
    Imprudènto,
Pren-te gardo di passioun:
Counsidèro, pren pèr guido
    Dins la vido
Li vertu d'aquéu patroun.

Aprenen que li boumbanço,
    Que li danso
Et li jo trop disavert,
Son ountous, soun de pau-vaio,
    Soun li draio
Que conduson à l'Infer.

Quau seguis joio et fanfòni
    Di dèmòni,
Et dou mounde fouligaud,
Noun aura li divin chale.
    Li regale,
Q'an lis ange eilamoundaut.

III. LOU LAVOURAIRE.

Er: *Courons aux Saintes Maries.*

Regarden l'entre-lusido
Dou bèl astre Mountelen,
Dins lous tèms qu'escound sa vido
Au desert di Bausseten.
Ange bèu, mountagno urouso,
Digas-nous ço qu'aves vist
De vertu meravihouso,
De miracle tant requist.

Dins la gorgo de la coumbo,
Un baus sourne et roucassié
Que plus tard sara sa toumbo,
Serve à Gènt de mounastié;
De la memo roucassino
Fai lou lie de soun repau;
Se nourris que de racino,
E de l'erbo di coutau.

De-countùnio Gènt s'applico
E de-longo se conmplai
I preiero, i sant cantico,
I long jùni em'au travai;
Sout soun vèsti ie recato
Un cilice raspignous:
Amo molo, delicato,
Sus Sant Gènt miraias-vous!

Li dos vaco de soun paire
Un jour parton de Mountèu.
E tout dre, sènso menaire,
Au desert vènon vers éu.

Noste sant lis encoulasso
Touti dos souto lou joun,
Pièi coutrejo e desermasso
Li coutau et li valoun.

Uno fes, coume d'usage,
Faturavo dins l'ermas;
Un gros loup sort emé rage
Di fendasclo d'un roucas,
Espoutis, desgargamello,
Devouris à plen gousié
Une vaco, la pu bello,
En présenço dou bouié.

Lou bouié que sa fe 's grando,
Lèu se signo, invoco Diéu,
Crido au loup e ie demando
Perqué tuio son vaciéu:
Sus si quatre cambo redo
Lou loup rèsto mut e nè;
Venguè dous coume une fedo
E sant Gènt l'encaussanè.

Aquéu loup de sa naturo
Perd li vice e lou ferun,
Manjo l'erbo et la pasturo,
Fara plus mau en degun ;
Restara dins lou campèstre
'Mé Sant Gènt ; veiren qu'un jour
Sus la toumbo de soun mèstre,
Éu vendra escampa de plour.

A partenço d'aquelo ouro,
Noste Sant, remarquen-lou,
Veiren sèmpre que lavouro
'Mé la vaco e 'mé lou loup.
Bèu patroun di lavouraire,
Prouteitour di jouini gènt,
Fugués sèmpre noste fraire
Près de Dieu, o grand Sant Gènt !

IV. LA RECERCO.

Er: Sombre forêt, prends part à mes douleurs.

Despièi lou jour qu'an plus soun bèu garçoun:
Que de tourmen per Bournarèu et Berto!
La niue, lou jour n'en plouron pas soun proun:
Ah! d'un enfant qu'es crudèlo la perto!

Ah! se disien, saras mort, bèl enfant,
Souto la dènt d'uno bèsti enemigo,
O bèn de fre, de misèri, de fam,
Dins quauque trau dis afrousi garrigo!

Li mau, li flèu, que Sant Gènt a prévist
En punicioun di joio e de la danso,
An que trop fort desoula lou païs :
Nósti pecat fan nosto maluranço.

Despièi tres an, n'a pas plougu'n degout,
Tout pereclito à defaut de la plueio;
Lou vent-terrau afoudro e chaplo tout,
I'a plus ni blad, ni fourrage, ni fueio.

Li Conse alor oublijon Bournarèu
De recerca dins li vau, sus li serre,
Soun Sant Enfant pèr qu'esvarte li fléu,
E, mort o viéu, fau que lou vague querre.

A Carpentras, Berto vai touto en plour
Se prousterna de davans Nosto-Damo (1),
Ie faire part dis ánci, di doulour
Que niuech-e-jour estransisson son amo.

« Regardo amount li serre Trelusènt (2),
Ie dis la Vierge; en uno pauro bóri
Ie trouvaras escoundu toun fiéu Gènt,
Aro est lou tèms que pareigue sa glòri. »

(1) La chapelle de N.-D. de Santé.
(2) Les montagnes qui dominent l'ermitage de Saint-Gens portent depuis le nom de *Trelusènt* qui signifie resplendissant.

Touto remplido e de gau e de fe,
Berto oublidant si doulour e si lagno,
Cerco soun fiéu en terro dou Bausset,
E lou destousco au founs de la mountagno.

Anen peréu, nous-autri pelerin,
Dins lou desert vers lou Sant lavouraire:
Saren temouin d'un miracle divin
Que di febrous fara ben lis afaire.

Outenès-nous, bèu et sant garrigaud,
Auprès de Diéu vosto bono assistanço,
Fasès qu'un jour aguen eilamoundaut,
En Paradis, l'éterno benuranço.

V. LA FONT DOU MIRACLE.

Aro, canten lou miracle celèbre,
Aquelo font dou raioulet divin
Que di malaut garis tant bèn li fèbre,
Sènso remèdi e sènso médicin,
Aquelo font ounte van en tout tèm,
De tout païs, tant-e-pièi-mai de gènt,
  E qu'es encaro
  La provo claro
Di grand poudé dou glourious Sant Gènt!

En arribant dins lou desert, pecaire,
Berto se sènt mourènto de susour;
Es afebrido, e dedins soun mau-traire
Sènt de la set la brulanto cremour:
Alor demando à soun fiéu ben-ama
Un pichot rièu per se ie refresca;
  Mai ges d'eigueto
  Lindo et fresqueto
Se trovo aqui pèr la desasserma.

Lou Sant alor n'a l'amo adoulentido,
Tombo à geinoun e suplico soun Diéu
De secouri sa maire anequelido,
De ie manda d'eigueto un pichot fiéu;

Pièi dins la roco, en plantant si dous det,
N'en fai giscla pèr lou divin poudé
      Dos couladuro,
      Resfrescaduro
D'aigo e de vin per sa maire qu'a set.

Berto au Seignour rènd de gràci aboundouso
Pèr tau benfa que s'èro jamai vist ;
S'amourro e béu de l'aigo mervihouso ;
Lou vin s'agouto, elo n'en vòu pas gis ;
Es reviéudado, e dins aquéu moumen
Noun ressènt plus ni febre ni tourmen
     O font charmanto !
     Font miraclanto !
Gràmaci Diéu e lou Sant Mountelen !

Berto outendra la gràci especialo
Qu'aquelo font noun s'agoute jamai ;
Mau-grat lou fio di sesoun estivalo,
Veiren toujour coula son pichot rai,
E li febrous e li pàuri malaut
Saran gari di fèbre e de si mau
     Pèr l'entre-messo,
     E li largesso
Dou grand Sant Gènt, l'ami di Prouvençau.

Es pas lou tout : lis amo amalautido
Qu'an pèr malur li fèbre dou pecat,
En lou voulènt saran peréu garido,
Se 'n devoucioùn vers Sant Gènt van prega,
Car lou bon Diéu fai giscla d'eilamount.
Uno autro font qu'es la font dou perdoun,
     La bènfasènço
     De l'indulgènço :
O grand Sant Gènt, baias-nous aquéu doun !

VI. LA PLUEIO.

Er: *Goutez âmes ferventes.*

Noste Sant lavouraire,
En vesènt lou tablèu
Que ie fasié sa maire
Di malur de Mountèu,
N'en a l'amo doulènto
E lou cor ie crussis :
Dins sa doulour cousènto,
Revèn à soun païs.

La foulo trefoulido
Ie vèn à l'endavans,
E tout lou mounde crido
Que Gènt et un grand Sant,
Que pèr soun entre-messo,
Diéu vai faire esvarta
De la grand secaresso
La grand calamita.

Gènt se bouto en preiero,
Sa preiero pòu tout ;
Demando pèr la terro
La raisso à gros degout :
De tout coustat li nivo
S'aubouron dins lou cèu,
La santo plueio arrivo
I terro de Mountèu.

La campagno abéurado
Reverdis que-noun-sai,
Et li font agoutado
S'avenon tourna-mai :
Aquel an, Diéu acordo,
Grâci i vot de Sant Gènt,
Li pu bèlli recordo
Qu'an pas vis de long-tèm.

La vilo triounflanto,
En vesènt li poudé
Dou sant jouvènt, lou vanto,
Lou porto au bout dou det,
L'apello soun souvaire,
E li jouine et li vièi,
S'acò poudié se faire,
Voudrien lou faire rèi.

Mai l'umble et sant ermito,
Pèr fugi lis ounour,
D'aquéu moumen prejito
Au désert soun retour:
Entendèron lèu dire
Qu'avié tourna fugi,
Pèr fini soun martire
Dins soun désert beni.

Que de grâci infinido
Sant Gènt a reçaupu
Lou rèsto de sa vido,
Liuen dou mounde e dou brut!
De la maire divino,
Dou divin Enfantoun,
E di troupo angelino
A souvènt li veisioun.

De soun ouro suprèmo
Quand vèn l'urous moumen,
Em'uno joio estrèmo
Reçaup li sacramen;
Pièi soun amo, en coumpagno
Dis Ange d'amoundaut;
Quito la terro et gagno
Lou palais celestiau.

VII. LA FÈSTO DE SANT GÈNT.

Er: Un ange a cridu.

Lou bèu mes de Mai,
Dins nosto Prouvenço,
Adus que-noun-sai
De rejouïssenço :
Un jour que n'autre aman bèn
Es la fèsto de Sant Gènt.

Lou 16 de Mai,
Fasen la memòri
Dou jour qu'au palai
De l'eterno glòri
Un vòu d'Ange trelusènt.
Pourtè l'amo de Sant Gènt.

Aquéu jour, Mountèu
Fai uno grand fèsto,
Vai au saut toumbèu,
D'uno cambo lèsto :
A grand courso li jouvènt
Sus si bras porton Sant Gènt.

Chasque pelerin
Se plais et s'aplico
De canta 'n camin
De poulit cantico :
Lou viage es mens languissènt,
En cantant lou grand Sant Gènt.

Un autre bèu jour
(Bèn vous n'en remèmbre!)
Es pèr lou councour
Dou mes de Setèmbre,
Touto la Prouvenço vèn
Aquéu jour prega Sant Gènt.

La grand proucessioun,
En immènso tiero,

Emé devoucioun
Gagno la coustiero :
Chacun porto un cire ardènt,
En l'ounour dou grand Sant Gènt.

Sant Gènt aparèi,
Triounflant s'avanço,
Pu bèu que lou rèi
Dou trone de Franço,
Touti soun mai que countènt.
De pousqué pourta Sant Gènt.

Oh! qu'aquelo niue
Es bello e charmanto !
Degun plego l'iue,
Chascun prègo e canto ;
Entendès crida souvent,
De pertout : Vivo Sant Gènt.

Dirias quasimen
Que la niue tant bello
A dou firmamen
Rouba lis estello :
Lou desert es resplendènt
De la glóri de Sant Gènt.

Li voues, li councert
De milo cantaire
Remplissoun lis èr
De cant sant-Genaire ;
Li roucas restountissènt
Redison touti Sant Gènt.

Quand dou sant festin
L'ouro es arrivado,
Li bon pelerin
Qu'an l'amo encantado,
Coumunion d'un cor fervènt
A l'autar dou grand Sant Gènt.

Pople prouvençau
Que, chasque estivage,

As toujour grand gau
De ie rèndre oumage,
Auras segur en tout tèm
Li favour dou grand Sant Gènt.

O Sant prouteitour
De nosto Prouvènço,
A vous glòri, ounour,
Eterno cresènço !
Fasès que fuguen ensèn
Dins lou céu, o grand Sant Gènt ;

VIII. LI PELERIN.

Er : *Di pastouro.* — *Au clair de la lune.*

Pople de Prouvènço,
Dau ! toutis ensèn,
Cantas li lausènço
Dou divin Sant Gènt ;
Aqueste cantico
Vous esplico proun
La vido angelico
De voste patroun.

Sabèn que Gènt èro
Fiéu de Bournarèu ;
l'avié pas sus terro
De drole pu bèu.
Di bèn, di richesso,
Noun a li tresor ;
Mai per la sagesso
Vau soun pesant d'or.

A quinge an, pecaire,
Sant Gènt s'enfugis,
Quito paire et maire
E mai soun païs ;
Fai c   utre viage,
L   pichòt S t Jan,

Vai dins lou bouscage,
Devèn un grand Sant.

Dos vaco, vengudo
De l'oustau peirau,
Van servi d'ajudo
Au sant garrigaud.
Ensèn lis acoublo
Lis atalo au joun,
Faturo, restoublo
L'ermas di valoun.

Dou sant soulitàri
S'afourtis qu'un jour
I'arribè 'n auvàri
Dedins soun lavour:
Un loup cauto-à-cauto
Vèn à rèire d'éu,
Su'uno vaco sauto;
Devèn soun bourrèu.

Dins aquel afaire,
L'animau meichant
N'en fuguè pas gaire
Lou meiour marchant;
Car Sant Gènt l'estaco,
Ie met lou coulas:
Emé l'autro vaco,
Loup, lavouraras!

Berto se desolo
Cerco soun fiéu Gènt,
Emplis mount e colo
De si crid plagnènt;
Après proun de lagno,
Trovo, gràci à Diéu,
Au founs di mountagno,
L'enfant fugitiéu.

Mai es, la paureto,
Morto de la set,
E ia ges d'eigueto
En aquel endré.

Saup proun l'aventuro
Chasque pelerin,
De la couladuro
De l'aigo e dou vin.

Aurès benuranço,
Pàuri malandrous,
Pèr la deliéuraço
Dis acès febrous:
Sarès sènso peno
Gari tout-de-bon,
Se la fe vous meno
Vers aquelo font.

Quand soun coumproumesso
Li recordo au champ:
Dins la secaresso
Preguen aquéu Sant,
Soun bon patrounage
Coucho fléu et mau,
Mando di nivage
Li tresor pluiau.

Que chacun countèmple
Et qu'imite bèn
Li poulis eisèmple
Qu'a douna Sant Gènt:
Fugissen lou vice,
E sis oucasioun;
Cerquen li delice
Dins la religioun.

Pelerin mi fraire,
Pourgen noste amour
Au sant Lavouraire,
Preguen-lou toujour !
Après esto vido
Nous fara acourda
La glori infinido
De l'eternita.

IX. LOU VIEI CANTICO.

Er: couneigu.

A l'ounour de Sant Gènt,
Canten toutis ensèn
Aquest pious cantico,
E counten sens façoun
L'istori magnifico
De si santis acioun.

A l'age de quinge an,
Aquéu divin enfant
Dou mounde se retiro,
Fugis dins lou desert;
Unicamen souspiro
Pèr li bens *eterner*.

Sa maire touto en plour
Lou cerco nieuch-e-jour;
La vilo, la campagno
Remplis tout de si crids.
Au founs d'uno montagno,
Ie retrovo soun *fils*.

Qu'es que vous aven fa,
Moun fiéu per nous quita?
Per li plour d'uno maire
Leissas-vous attendri;
Venès rejougne un paire
Aclapa de soucit.

Ma maire, en van voudria
Me faire retourna;
L'ordre de Diéu m'apèlo
Dins aqueste païs,
Auriéu l'amo infidèlo
Se seguieu voste avis.

Cher pople dou Bausset,
Cent fes rejouis-te;

Dins aquéu sant ermito
As un grand prouteitour;
Chascun te felicito,
T'envejo aquel ounour.

Un gros loup afama
Cour coume un enraja
Sus uno di dos vaco
Que Gènt fai lavoura ;
Tranquilamen l'estaco
E lou fai charruia,

Per vous, pauri febrous,
Sort d'un roucas afrous,
Uno aigo merveihouso ;
Bevès n'en emé fe,
Di febre countagiouso
Prountamen garires.

Vous que touti lis an
Vesitas aquéu Sant,
Marchas dessus si traço,
Imitas si vertu ;
Vous outendra la graço
D'éstre un jour dis elu.

Lou perdoun es dubert
I pu grand *criminer:*
Per gagna l'indulgenço
Fau estre dispousa
A faire penitenço ;
A sourti dou pecat.

Li Mountelen an apoundu quauqui coublet a-n-aquéu cantico. Rèn de pu bèu que de veire la festo de Sant Gent à Mountèu. Rèn fai tant gau que d'ausi aquéu cantico cantà per milo voues d'ome, emé acoumpagnamen de la musico. A l'ounour di Mountelen, aven mes eici lou cantico de Sant Gent coumo se canto à Moutèu, lou bèu jour de la festo.

CANTICO DI MOUNTELEN.

A l'ounour de Saint Gent
Canten toutis ensèm
Aquest pious cantico
Que countèn sens façoun
L'istori magnifico
De si santis acioun.

Bèu païs de Mountèu
Que sies ama de Diéu
Tu qu'as douna neissènço
A-n-aquéu bel enfant
Que a viscu en penitènço
Coume li pu grand Sant.

A l'age de quinge an,
Aquéu divin enfant
Dou mounde se retiro,
Fugis dins lou desert ;
Unicamen souspiro
Pèr li bens *eterner*.

Sa maire touto en plour
Lou cerco niuech-e-jour ;
La vilo, la campagno
Remplis tout de si crids.
Au founs d'uno mountagno,
Ie retrovo soun *fils*.

Qu'es que vous aven fa.
Moun fiéu, pèr nous quita ?
Pèr li plour d'uno maire
Leissas-vous attendri ;
Venès rejougne un paire
Aclapa de soucit.

Ma maire en van voudria
Me faire retourna ;
L'ordre de Diéu m'apèlo
Dins aqueste païs,
Ie sariéu infidele
Se seguiéu voste avis.

Sant Gent dins lou desert
Semblo un ange dou cier
De travai, de preiero
Jamai se trovo las
Viéu que d'erbo groussiero,
Fai soun lie d'un roucas.

Un gros loup afama
Cour coume un enraja
Sus uno di dos vaco
Que Gènt fai lavoura ;
Tranquilamen l'estaco
Et lou fai charruia.

Pèr vous pàuri fiebrous,
Sort d'un roucas afrous
Uno aigo mervihouse ;
Bevès n'en emé fe,
Di febre countagiouso
Prountamen garires.

Quand lou cèu irrita
D'aigo vòu plus manda
Pèr flechi sa coulèro
Recouren à Sant Gent,
E Diéu à sa preiero
Arroso nosti bèn.

Cher pople dou Bausset,
Cent fès rejouis-te ;
Dins aquéu sant ermito
As un grand prouteitour,
Chascun te felicito,
T'envejo aquel óunour.

Mountèu pèr l'ounoura
Es lou mai empressa
Quand celèbro sa festo

Ia dins tout lou pais
Une joio celesto
Vous cresè en paradis.

Vous que touti lis an
Vesitas aquéu Sant,
Marchas dessus si traço,
Imitas si vertu ;
Vous outendra la graço
D'éstre un jour dis elu.

Lou perdoun es ouvert
1 pu grand *criminer* :
Per gagna l'indulgenço
Fau estre disposua
A faire pénitenço,
A sourti dou pecat,

Grand sant, de ti bounta
Nous as toujour coumbla
N'en garden la memòri
E Mountèu en tout tèm
Saubra dire à ta glòri
Vivo lou grand SANT GENT.

AUTRES CANTIQUES POPULAIRES
EN L'HONNEUR DE SAINT GENS

Air: *Je suis chrétien, c'est là ma gloire.*

Refrain: Vive Saint Gens, vive sa fête,
Son nom chéri, ses dons divins;
Qu'en ce beau jour, chacun répète:
Vive Saint Gens, vive St Gens!

Vive Saint Gens! le ciel l'appelle
A fuir le monde corrompu:
Le Saint jeune homme, à Dieu fidèle,
Dans ce désert est accouru. Vive St-Gens etc.

Vive Saint Gens! de l'innocence
C'est un ami, c'est un patron;
C'est un miroir d'obéissance.
Un beau modèle d'oraison. Vive St Gens etc.

Vive Saint Gens! il est le frère.
Du paysan, du travailleur;
St Gens obtient par sa prière
La pluie au champ du laboureur. Vive St Gens etc.

Vive Saint Gens! St Gens attache
A sa charrue un loup méchant;
Ce loup devient près d'une vache
Un compagnon obéissant! Vive St Gens etc.

Vive Saint Gens! sa main puissante
A fait sortir d'un roc fameux
Une fontaine jaillissante
Qui guérira tant de fiévreux! Vive St Gens etc.

Vive Saint Gens! Foule attendrie,
Allons lui rendre notre amour;
En imitant sa sainte vie,
Nous le verrons, au ciel, un jour.
Vive Saint Gens, vive sa fête, etc.

II. VOYAGE A SAINT GENS.

Air : *Rare beauté, perle sans prix.*

Chrétiens pieux, en ce beau jour
Au grand Saint Gens rendons visite,
Du haut du ciel, avec amour,
A son église il nous invite ;
Nous recevons les plus grand biens
Par l'entremise de Saint Gens.

Nous reviendrons toujours contents
De ce charmant pèlerinage.
Partons, hommes, femmes, enfants,
Ensemble allons tous rendre hommage ;
Conduits par nos Anges gardiens,
Allons prier le grand Saint Gens.

Sanctifions ce jour heureux
Par nos prières, nos cantiques ;
De ce patron si glorieux
Chantons les vertus angéliques ;
Moins longs on trouve les chemins,
Quand on chante le grand St Gens.

Dans le Bausset arrêtons nous ;
Son humble église est si charmante !
Allons prier tous à genoux
Devant la châsse ravissante ;
O Sainte châsse, tu contiens
Les reliques du grand St Gens !...

Voici le roc qui fut le lit
De notre illustre solitaire ;
Arrêtons nous encore ici
Et faisons y notre prière ;
Nous poursuivrons nos gais refrains
Jusqu'à l'église de Saint Gens.

Enfin nous sommes arrivés,
La cloche tinte et nous appelle ;
Les pèlerins sont empressés
De pénétrer dans la chapelle,
Adorons Dieu le Saint des Saints,
Et supplions le grand Saint Gens.

Préparons-nous dévotement
Au sacrement de pénitence,
Pour communier dignement
Et pour gagner une Indulgence ;
Abaissons-nous, pauvres humains,
Devant l'autel du grand Saint Gens.

Grand protecteur auprès de Dieu,
Notre patron incomparable,
Nous vous prions en ce saint lieu ;
A nos vœux soyez favorable ;
Obtenez-nous les dons divins
Et vos vertus, ô grand Gens.

Obtenez la conversion
A la pauvre âme pécheresse,
Au malade sa guérison,
A l'affligé son allégresse ;
Obtenez à vos pèlerins
Le Paradis, ô grand Saint Gens !

III

Air : *Le ciel en est le prix.*

Saint Gens en ce beau jour,
De la foule attendrie,
Qui l'aime et le supplie,
Reçoit les chants d'amour,
(*Chœur* :) St Gens (*ter*) en ce beau jour,
Reçoit (*ter*) les chants d'amour.

Saint Gens quitte Monteux
Dès sa plus tendre enfance ;
Pour faire pénitence
Il vient vite en ces lieux.
Saint Gens (*ter*) quitte Monteux.
Il vient (*ter*) vite en ces lieux.

Saint Gens vit sobrement,
Il laboure la terre.
Il couche sur la pierre,

Il prie assidûment.
Saint Gens (ter) vit sobrement.
Il prie (ter) assidûment,

Saint Gens a fait jaillir
Du roc une fontaine.
Son onde est souveraine,
Fiévreux, pour vous guérir.
Saint Gens (ter) a fait jaillir
Fiévreux, (ter) pour vous guérir.

Saint Gens, aux pèlerins
Célèbrant chaque année
Sa fête bien aimée,
Obtient les dons divins,
Saint Gens (ter) aux pèlerins
Obtient (ter) les dons divins.

Saint Gens, grand protecteur,
Ami de la jeunesse,
Intercédez sans cesse
Pour nous près du Seigneur.
Saint Gens (ter) grand protecteur,
Pour nous (ter) près du Seigneur.

Saint Gens, conduisez-nous
A la fin de la vie,
Là-haut dans la patrie,
Au ciel auprès de vous,
Saint Gens, (ter) conduisez-nous,
Au ciel (ter) auprès de vous.

IV

O grand Saint Gens, ange de la contrée.
Lis du désert, patron des provençaux,
Vous qui sur nous répandez chaque année
Les dons divins et des bienfaits nouveaux,
En ce beau jour, nous sommes accourus
Pour respirer vos parfums répandus ;
    De votre vie
    Sainte et bénie
Obtenez-nous d'imiter les vertus !

Gens est charmant: dès sa tendre jeunesse
Il est rempli des grâces du Seigneur;
On voit en lui briller une sagesse
Qui des vieillards fait l'envie et l'honneur.
Il nous apprend, et le pratique bien,
Que le travail seul fait devenir saint;
  Que la souffrance
  Est la semence
Qui fait germer et fleurir le bon grain.

Gens voit bientôt revenir sa patrie
Avec regret de sa funeste erreur;
Il voit aussi la jeunesse attendrie
Le proclamer comme un libérateur;
Mais cet honneur, quoique bien mérité,
Trouble son cœur et son humilité;
  Son âme sainte
  Craint d'être atteinte
Par l'amour propre et par la vanité.

Les vains plaisirs, les honneurs, l'opulence
Qui sur la terre égarent les mortels,
St Gens les fuit, et dès sa tendre enfance,
Sait leur livrer des combats éternels;
Il ne craint point l'outrage, ni l'affront,
Mais il craint fort les pièges du démon;
  Alors bien vite
  Prenant la fuite
Cour se cacher dans un désert profond.

Il fait souffrir sa chair tendre, innocente,
Pour des péchés qu'il ne connut jamais;
Il la déchire, et souvent l'ensanglante,
Il brise ainsi du démon tous les traits;
Sa nourriture est un pain de labeurs
Qu'il a gagné par d'étranges sueurs,
  L'eau du nuage
  Est son breuvage;
Il a pour lit un roc mouillé de pleurs.

Comme autrefois l'admirable Moïse
Qui, commandant sur l'humide élément,
Dans le désert de la Terre Promise
Fit jaillir l'eau miraculeusement,

Saint Gens aussi faisant ouïr sa voix
Au dur rocher, il y plante ses doigts ;
        Pour que sa mère
        Se désaltère,
Le vin et l'eau jaillissent à la fois.

Dieu donne encore au serviteur fidèle
De maîtriser les bêtes des forêts ;
Et quand un loup vint de sa dent cruelle
Tuer la vache au milieu des guérets,
Il le saisit de sa puissante main,
A sa charrue il l'attelle soudain ;
        Et dès cette heure,
        Le loup demeure
Doux et paisible auprès de notre Saint.

Pauvre fiévreux, vous que le mal afflige,
Au grand Saint Gens, ayez souvent recours,
Vous recevrez par un heureux prodige
Les doux bienfaits de son puissant secours.
Approchez-vous du tombeau glorieux,
Et du rocher devenu si fameux :
        De la fontaine
        Limpide et saine,
Vous sentirez le pouvoir merveilleux.

Dans nos malheurs, dans les temps de détresse
Ayons recours à notre saint patron :
Lorsque nos champs sont dans la sécheresse,
Venons prier dans ce béni vallon,
Du haut des cieux le glorieux Saint Gens
Eloignera tous les fléaux malins ;
        Et les nuées
        Tant désirées
Sauront répandre les trésors divins.

Saint habitant des demeures célestes,
Ayez pitié des humbles laboureurs :
Guérissez-nous de ces fièvres funestes
Des vains désirs qui consument nos cœurs ;
Faites venir sur nos champs appauvris
Cette abondance qu'on voyait jadis ;
        Et par la grâce
        D'avoir la place
Qui nous attend dans le saint Paradis.

NEUVAINE

EN L'HONNEUR DU BIENHEUREUX SAINT GENS.

PRIÈRES

Pour tous les jours de la Neuvaine.

☦ Venez, Saint-Esprit, remplissez les cœurs de vos fidèles et embrasez-les du feu de votre amour.

℣. Envoyez-nous votre esprit, et il se fera une création nouvelle,

℟. Et vous renouvellerez la face de la terre.

ORAISON. — O Dieu qui avez instruit les cœurs des fidèles par les lumières du St-Esprit, accordez-nous par ce même Esprit la grâce d'aimer ce qui est bien et de nous réjouir de ses divines consolations. Ainsi-soit-il.

PRIÈRE.

Glorieux Saint Gens, le souvenir des vertus que vous avez pratiquées sur la terre, et la grande renommée des miracles que vous opérez chaque jour en faveur des pauvres malades et des malheureux pécheurs, m'inspirent la plus grande confiance en vous.

Je viens en ce jour me jeter à vos pieds, et me recommander à votre puissante intercession. Tout rempli de misères et de péchés, je sens mon insuffisance. Ne rejetez pas mes humbles prières.

Comme la meilleure invocation des Saints est dans l'imitation de leurs vertus, je désire et je veux imiter les vôtres. Faites que j'imite votre humilité, votre pureté angélique, votre application à la prière. Faites que, comme vous, j'évite avec grand soin les occasions du péché, les entraînements des mauvais exemples. Faites que je consente à mener une vie pénitente et laborieuse.

Obtenez-moi en particulier telle grâce et pour telle personne.

Ici on désigne la grâce que l'on veut obtenir, et on récite 5 fois le PATER *et l'*AVE, *et l'on continue la prière* :

Faites agréer, ô glorieux Saint Gens, mes vœux et mes prières à Notre-Seigneur Jésus-Christ et à sa Mère Immaculée la Vierge Marie. La divine bonté qui vous accordait sur la terre de dompter un loup cruel et de ramollir la dureté du rocher pour en faire sortir une fontaine miraculeuse, vous accordera aussi, maintenant que vous êtes dans le ciel, de dompter le démon et mes passions cruelles, et de ramollir la dureté de mon cœur pour en faire couler les larmes du repentir et de la pénitence.

Accordez-moi donc la guérison de mes infirmités spirituelles et corporelles. Délivrez-moi de la fièvre des honneurs, des plaisirs et des richesses. Faites que je règle ma vie sur vos exemples de vertus.

Obtenez-moi enfin la grâce d'aller un jour auprès de vous dans le ciel jouir du bonheur et de la gloire des élus. Ainsi soit-il.

LITANIES DE SAINT GENS.

Seigneur, ayez pitié de nous.
Christ, ayez pitié de nous.
Seigneur, ayez pitié de nous.
Christ, écoutez-nous. Christ, exaucez-nous.
Dieu le Père des cieux, ayez pitié de nous.
Dieu le Fils, Rédempteur du monde, ayez pitié de nous.
Dieu le Saint-Esprit, ayez pitié de nous.
Trinité sainte qui êtes un seul Dieu, ayez pitié de nous.
Saint Gens, grand serviteur de la Vierge Marie,
St Gens, ange charmant par votre sainte vie,
St Gens, lis embaumé par votre pureté,
St Gens, humble de cœur, rempli de charité,
St Gens, par votre fuite exemple de prudence,
St Gens, par vos labeurs miroir de pénitence,

Priez pour n.

St Gens, qui saviez joindre au travail l'oraison,
St Gens, qui déjouiez les ruses du démon,
St Gens, qui méprisiez les honneurs, les délices,
St Gens, qui constamment faisiez la guerre aux vices,
St Gens, doux compagnon des pauvres travailleurs,
St Gens, fidèle ami des humbles laboureurs,
St Gens, des provençaux thaumaturge admirable,
St Gens, d'un loup méchant dompteur incomparable,
St Gens, faisant sortir l'eau d'un roc merveilleux,
St Gens, qui présentez un remède aux fiévreux,
St Gens, pour le salut embrasé d'un saint zèle,
St Gens, de la jeunesse agréable modèle,
St Gens, qui préservez de maints fléaux malins,
St Gens, qui provoquez sur nous les dons divins,
St Gens, grand protecteur dans les temps de détresse,
St Gens, intercesseur en temps de sécheresse,
St Gens, du haut des cieux notre ami bienfaisant,
St Gens, auprès de Dieu notre patron puissant,

Priez pour nous.

Agneau de Dieu qui effacez les péchés du monde,
    pardonnez nous, Seigneur.
Agneau de Dieu qui effacez les péchés du monde,
    exaucez-nous, Seigneur.
Agneau de Dieu qui effacez les péchés du monde,
    ayez pitié de nous, Seigneur.

℣. Priez pour nous, Bienheureux Saint Gens,
℟. Afin que nous soyons dignes des promesses de Jésus-Christ.

ORAISON.

O Dieu, qui nous comblez de joie par la fête de St Gens que nous célébrons chaque année, accordez-nous dans votre bonté la grâce d'imiter aussi les actions de ce saint dont nous célébrons la naissance dans le ciel. Par Jésus-Christ Notre-Seigneur. Ainsi soit-il.

℣. Que les âmes des fidèles trépassés reposent en paix.
℟. Ainsi soit-il.

AUTRES CANTIQUES.

I. CHANT DU CHRÉTIEN.

(*Refrain.*) Je suis chrétien, c'est là ma gloire,
Mon espérance et mon soutien,
Mon chant d'amour et de victoire,
Je suis chrétien, je suis chrétien.

Je suis chrétien, en mon baptême
Dieu dans mon cœur grava sa loi ;
Je fus marqué du sceau suprême ;
Sa grâce vit et règne en moi.

Je suis chrétien ; j'ai Dieu pour père,
Je veux l'aimer et le servir ;
Avec sa grâce tutélaire
Je veux pour lui vivre et mourir.

Je suis chrétien, je suis le frère
De Jésus-Christ mon Rédempteur.
L'aimer, le suivre et lui complaire
Fera ma gloire et mon bonheur.

Je suis chrétien ; je suis le temple
Du Saint-Esprit, du Dieu d'amour ;
Celui que tout le ciel contemple
En moi vient faire son séjour.

Je suis chrétien, ô sainte Eglise,
Je suis fier d'être votre enfant,
Et de ma foi toujours soumise,
Mon cœur suivra l'enseignement.

Je suis chrétien, sur cette terre
Je passe comme un voyageur,
Je vais au ciel dans la lumière
Puiser la vie et le bonheur.

II. CANTIQUE POUR LA COMMUNION.

Refrain.

Le voici l'Agneau si doux,
Le vrai pain des Anges;
Du ciel il descend pour nous :
Adorons le tous.

C'est un tendre père,
C'est le bon Pasteur,
Un ami sincère,
C'est Notre-Sauveur.

C'est l'amour suprême,
Trésor des élus,
C'est le ciel lui-même,
Puisque c'est Jésus.

C'est la sainte hostie,
Le vrai pain des cieux,
D'éternelle vie
Gage précieux.

Céleste modèle
D'aimable douceur,
Tous il nous appelle;
Courons à son cœur.

Le Dieu de lumière,
Astre bienfaisant,
Entend la prière
Du pauvre et du grand.

Au meilleur des pères
Ah ! venons ouvrir

Toutes nos misères
Qu'il veut secourir.

Disons-lui nos peines,
Toutes nos douleurs;
Il rompra nos chaînes,
Ravira nos cœurs.

De notre faiblesse
Il aura pitié,
De notre tristesse
Prendra la moitié.

Sa Sainte Présence
Remplit notre cœur
De reconnaissance,
D'amour, de bonheur.

Dans ce saint mystère
Quels biens infinis !
Le ciel et la terre
Y sont réunis,

Arche d'alliance,
D'éternels secours,
Avec confiance
Allons y toujours.

III. LE CIEL EN EST LE PRIX.

Le ciel en est le prix !
Que ces mots sont sublimes
Des plus belles maximes
Voilà tout le précis.
Le ciel, le ciel, le ciel en est
 le prix. (*bis.*)

Le ciel en est le prix.
Mon âme, prends courage:
Ah ! si dans l'esclavage.
Ici bas tu gémis, Le ciel etc.

Le ciel en est le prix :
Amusement frivole
De grand cœur je t'immole
Aux pieds du crucifix. Le ciel.

Le ciel en est le prix.
La loi demande-t-elle,
Fut-ce une bagatelle,
N'importe j'obéis. Le ciel, etc.

Le ciel en est le prix :
Endurons cette injure
L'amour propre en murmure,
Mais tout bas je lui dis: Le ciel

Le ciel en est le prix :
Dans l'éternel empire,
Qu'il sera doux de dire:
Tous mes maux sont finis.

Le ciel en est le prix
Il sera ma conquête
O Vierge, à la Salette,
Vous me l'avez promis.

Le ciel en est le prix,
Mais écoutez ma plainte,
Observez la loi sainte
Que vous donna mon fils.

Le ciel en est le prix :
Son courroux vous menace,
Rends-moi pécheur, de grâce
Le jour que tu m'as pris.

Le ciel en est le prix :
Au nom que tout adore
Et qu'on blasphême encore,
Chrétiens, plus de mépris.

Le ciel en est le prix :
Soyez sur cette terre,
Des enfants de prière,
Et vous serez bénis.

Le ciel en est le prix :
Mon Fils, sainte victime,
S'immole pour ton crime,
Au saint lieu que tu fuis.

Le ciel en est le prix :
L'abstinence est facile,
Si ton cœur est docile,
Au Dieu du Crucifix.

Le ciel en est le prix :
Mais faites pénitence,
Au Dieu que l'on offense,
Portez des cœurs contrits.

Le ciel en est le prix :
Au repentir je donne,
L'immortelle couronne
Au sein du paradis.

Le ciel en est le prix :
A la faible nature,
La croix paraît bien dure,
Mes enfants, je vous dis: Le C.
Le ciel, le ciel, le ciel, en est
 le prix. (*bis.*)

IV.

Je mets ma confiance,
Vierge en votre secours
Servez-moi de défense
Prenez soin de mes jours,
Et quand ma dernière heure
Viendra fixer mon sort,
Obtenez que je meure
De la plus sainte mort.

A votre bienveillance
O Vierge, j'ai recours,
Soyez mon assistance
En tous lieux et toujours,
Vous êtes notre mère,
Jésus est votre fils,
Portez-lui la prière,
De vos enfants chéris.

Sainte Vierge Marie
Asile des pécheurs
Prenez part, je vous prie
A mes justes frayeurs,
Vous êtes mon refuge,
Votre fils est mon roi
Mais il sera mon juge,
Intercedez pour moi.

Ah ! soyez-moi propice,
Quand il faudra mourir
Apaisez sa justice;
Je crains de la subir;
Mère pleine de zèle,
Protégez votre enfant
Je vous serai fidèle
Jusqu'au dernier instant.

Avignon. — Imp. Aubanel fr.

www.ingramcontent.com/pod-product-compliance
Lightning Source LLC
Chambersburg PA
CBHW060721050426
42451CB00010B/1555